Lernkrimi Italienisch

AF199153

Bella da morire

Autorin: Mattan
Illustrator: Thilo Krapp

Lernkrimi Comics erhältlich in vier weiteren Sprachen:

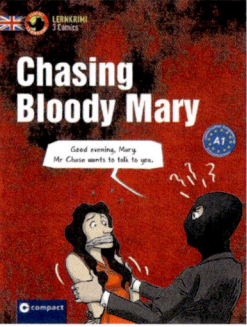
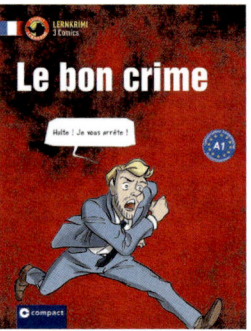
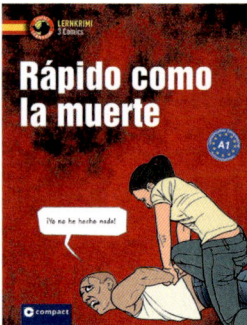

ISBN 978-3-8174-1654-7   ISBN 978-3-8174-1655-4   ISBN 978-3-8174-1656-1   ISBN 978-3-8174-1658-5

Weitere Informationen zu Compact Lernkrimi Comics finden Sie am Ende des Buches und unter www.lernkrimi.de.

© Compact Verlag GmbH
Baierbrunner Straße 27, 81379 München
Ausgabe 2018

Redaktion: Isabella Bergmann
Fachkorrektur: Alessandra Felici Puccetti
Produktion: Ute Hausleiter
Lernkrimi-Logo: Carsten Abelbeck
Gestaltung: textum GmbH
Umschlaggestaltung: red.sign GbR, Stuttgart

ISBN 978-3-8174-1657-8
381741657/2

www.compactverlag.de, www.lernkrimi.de, www.facebook.de/lernkrimi

Vorwort

Liebe Leserin, lieber Leser,

sicher zum Lernerfolg – mit Spaß und Spannung! Die Compact Lernkrimis mit ihrer Kombination aus fesselnder Lektüre und didaktischem Übungsanteil eignen sich hervorragend, um breite Sprachkompetenzen in der Fremdsprache zu erwerben. Der Lernende wird dabei durch die spannende Handlung, das angemessene Sprachniveau und den stetig ansteigenden Schwierigkeitsgrad der Übungen gefördert und motiviert. Entwickelt nach neuesten Erkenntnissen der Fremdsprachendidaktik sind Compact Lernkrimis das ideale Medium für einen Lernerfolg im Selbststudium. Durch die kleinen Texteinheiten und den hohen Übungsteil sind sie aber auch als Unterrichtslektüre bestens geeignet.

So lernen Sie mit Compact Lernkrimi Comics:

- **Mit Begeisterung lernen:** Die packende Krimihandlung motiviert Sie beim Lesen des italienischen Originaltextes.
- **Wissen intensivieren und erweitern:** Durch die Kombination aus didaktisch aufbereiteter Lektüre und textbezogenen Übungen testen und trainieren Sie Ihre Sprachkenntnisse effektiv. Vokabelangaben auf jeder Seite unterstützen Sie beim Lesen.
- **Systematisch lernen:** Knüpfen Sie an Ihr individuelles Sprachniveau an und setzen Sie sich eigene Lernziele.
- **Visuelles Lernen:** Inhalte leichter verstehen mit Comics.
- **Unabhängig sein:** Lernen Sie individuell – wo und wann immer Sie wollen.

Viel Spaß beim **spannenden Erlernen der italienischen Sprache**
wünscht Ihnen

Prof. Dr. Christiane Neveling
Didaktik der romanischen Sprachen, Universität Leipzig

Das Ermittlerteam

Edoardo De Filippi

Kommissar Edoardo De Filippi ist einer der erfolgreichsten Ermittler Italiens, der nicht nur in Rom im Einsatz ist, sondern auch zu besonders kniffligen Fällen auf der ganzen Halbinsel hinzugerufen wird. Seinen Beruf übt er mit viel Elan und großer Leidenschaft aus, denn er hat  einen ausgeprägten Sinn für Gerechtigkeit. Sein Erfolgskonzept? Er verlässt sich auf seinen scharfen Ermittlerinstinkt, der ihn nur selten im Stich lässt. Weniger Glück hat De Filippi bei der Suche nach der richtigen Frau im Leben, denn außer seiner Mutter, die ihn mehrmals täglich anruft, um sich nach seinem Wohlbefinden zu erkundigen, hat er kein weibliches Wesen an seiner Seite außer Salsiccia.

Salsiccia

Seitdem der Kommissar den Hund als Welpen aus einer Mülltonne gerettet hat, sind die beiden ein unzertrennbares Paar. Die quirlige Mischlingshündin folgt ihrem Herrchen auf Schritt und Tritt. Ohne den vierbeinigen Begleiter geht der Kommissar zu keinem Tatort, denn Salsiccia hat mit ihrer Spürnase immer den richtigen Riecher.

Inhalt

Che vita, Cagliostro!
C'è chi lavora, come mio marito,
e chi se la gode, come noi!

Miaoo!!!!

Bella
da morire

In un'altra parte di Roma,
in un quartiere di periferia...

Commissario Edoardo!
Di nuovo con questa
macchina! Ma non è ora
di cambiarla!

Il motore è
rotto, ma tra un
attimo parte!

Anche questa volta devo
chiamare il meccanico!
Salsiccia! Silenzio!

BOOM

UUUUUUU!!!!!

Commissario,
ha bisogno di
aiuto! Faccio io!

Grazie,
Silvio.

Vada, commissario, e se
ha bisogno di consigli...
ci sono io...

Grazie...

Salsiccia... Non tutti
possono essere belli
come Spano! Ma noi
abbiamo l'intelligenza
dalla nostra parte!

godersela	es sich gut gehen lassen
quartiere *m*	Wohnviertel
periferia *f*	Vorort
è ora	es ist an der Zeit
salsiccia *f*	Wurst, *hier:* Name des Hundes
aver(e) bisogno	brauchen, benötigen
vada!	gehen Sie (nur) (Imperativ von *andare*)

Devo pensare e **risolvere** questo **caso**...

Non ho mai visto nessuno tanto **imbranato** col computer!

Lucia, non tutti hanno un figlio grande che aiuta col computer! E poi preferisco il **cervello** alle macchine!

CLIC!

Ci credi che quell'uomo è uno dei più bravi commissari di tutta Italia?

Ma dai...

Sì, è bravo... Ma è **davvero sfortunato** con le donne!

L'unica che sta con lui è Salsiccia! Ma chi **sopporta** del resto sua madre?

Certo, mamma, ho mangiato! Devo andare adesso... È già quattro volte che mi chiami oggi...

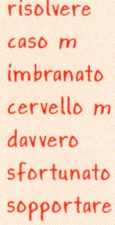

URGENT

risolvere	lösen
caso m	Fall
imbranato	ungeschickt
cervello m	Gehirn
davvero	wirklich
sfortunato	erfolglos
sopportare	ertragen

ero	(ich) war (Infinitiv: essere)
recitazione f	Schauspielkunst
tenerci a qc	an jmd hängen
stancarsi	hier: es leid sein
imprenditore m	Unternehmer
rifiutare	ablehnen
audizione f	Vorsprechen (beim Casting)
geloso	eifersüchtig

7

magari	vielleicht
offrire	ausgeben, anbieten
cucciola f	Welpe
cassonetto m	Müllcontainer
infatti	in der Tat
puzzare	stinken
finché	solange
meritare	verdienen

A casa di Monica e Alessandro

Come è andata la tua giornata di lavoro?

Come sempre. Oggi è venuto il sindaco... Tutto bene. E tu, sei andata dal parrucchiere?

Alessandro, non mi dici mai nulla del tuo lavoro!

Produco WC per l'Italia e il mondo, tesoro. Ci danno tanti soldi, non c'è molto da dire. Ma sei veramente andata dal parrucchiere?

PING!

?

Non ti piaccio più? È da mesi che non mi tocchi...

Ti amo tanto... Ma sono stanco! Sì, hai i capelli in modo strano, Monica...

È che sono annoiata... Forse devo tornare a recitare...

Abbiamo abbastanza soldi!

Alcuni minuti dopo in camera da letto

Allora, tesoro, quando vieni?

Rocco, devo andare...

sindaco m	Bürgermeister
parrucchiere m	Frisör
tesoro m	Schatz
toccare	anfassen, berühren
strano	komisch
essere annoiato	gelangweilt sein

9

Dopo venti minuti ...

Alessandro, non stanotte, ho mal di testa...

Chiaro! E poi sono io che non ti tocco! Anche stanotte la stessa storia!

Il giorno dopo

Che noia, Cagliostro! Andiamo a fare pedicure nella nostra spa?

Miao... !

Cagliostro, cerca di stare buono. Siamo quasi arrivati...

HX 239CA

mal *m* di testa	Kopfweh
noia *f*	Langeweile
buono	*hier:* brav

rivista f	Zeitschrift
sapere	wissen
pettegolezzo m	Klatsch
sorpresa f	Überraschung

A casa di Rocco

CLIC

CLIC

CLIC

SNIF SNIF

Non ci sono segni di lotta sul cadavere. Deve averlo ucciso qualcuno che lo conosceva...

Brava, Salsiccia! Allora non è stato un ladro!

Salve, signora! Possiamo venire a farLe delle domande?

Cinque minuti più tardi a casa della signora.

Allora, ha visto spesso una bella donna venire qui? Mi può descrivere questa donna?

Non è difficile! L'ho vista qui su questa rivista. Era con un altro uomo, penso il marito...

lotta f	Kampf
cadavere m	Leiche
uccidere	ermorden
ladro m	Dieb
descrivere	beschreiben
era	(er/sie/es) war

13

Abbiamo portato via il cadavere...

E *raccolto* tutte le *prove*.

Andate pure, io torno un attimo su.

Ferma Salsiccia, non *riesco* a leggere bene... Sopra c'è „A & M per sempre"!

Sono sicuro che c'è ancora qualcosa qui...

SNIF!
SNIF!
SNIF!

raccolto	gesammelt
prova f	Beweis
fermare	still halten, anhalten
riuscire (a)	es schaffen

Due ore dopo

Prego?

Polizia, siamo qui per il signor Alessandro Condotti. Per caso sua moglie si chiama Monica? A e M?

Va bene, il signor Condotti arriva subito.

Dove era ieri pomeriggio?

Ero qui. La mia segretaria aveva un giorno libero.

Scusi, ma cosa è successo?

Sta cercando un accendino, per caso?

Grazie! È un regalo che mi ha fatto mia moglie Monica... Non posso perderlo...

Allora, di cosa si tratta? Non è questione di tasse, vero?

Adesso dobbiamo andare, ma Le telefono presto...

Ma allora, non è per le tasse, vero? Giuro! Ho pagato tutto.

Forse abbiamo già risolto il caso, ma qualcosa non è chiaro...

per caso	zufälligerweise
succedere	passieren, geschehen
accendino m	Feuerzeug
regalo m	Geschenk
trattarsi (di)	sich handeln (um)
questione f di tasse	Steuerangelegenheit
giurare	schwören

Il giorno dopo

So che la signora è molto impegnata... Se non apre, devo tornare con un mandato...

Non sapeva che Rocco era morto? Non legge il giornale?

Solo riviste di moda e scandalistiche... Cerco di tenere lontana la negatività dalla mia vita.

Dove era il pomeriggio dell'omicidio?

Ho un alibi, sono andata a fare la pedicure e la manicure.

Ma Suo marito sapeva? Non Le ha detto che sono andato da lui in ufficio?

No, mio marito non mi dice mai nulla del suo lavoro.

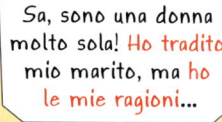

Sa, sono una donna molto sola! Ho tradito mio marito, ma ho le mie ragioni...

Lei pensa che Suo marito...

Non lo so... È geloso, capace di tutto...

impegnato	beschäftigt
mandato m (di perquisizione)	Durchsuchungs- befehl
tradire	betrügen
avere le proprie ragioni	die Gründe für etw haben
capace di	fähig zu

Il giorno dopo

Salsiccia, sei pronta? Oggi torniamo non ufficialmente sulla scena del delitto...

Stai cercando di dirmi qualcosa? Anch'io penso che quel bar è importante, vediamo...

Bau, bau!

Allora conoscevi bene Rocco?

Eravamo molto amici... Diciamo intimi... Mi piaceva.

Hai mai visto una di queste due persone?

Lei no... Ma lui è venuto qui il giorno in cui Rocco è stato ucciso... Hanno litigato e l'uomo ha aperto il portafoglio e gli ha dato dei soldi...

Sono andati via insieme?

No, separati, ma l'uomo anziano era molto triste...

Certo, questo Rocco con le donne... Chi troppo e chi niente, Salsiccia!

Bau!

litigare	streiten
portafoglio m	Geldbeutel
anziano	alt

17

tenersi	sich festhalten
dichiarare in arresto qc	jmd für verhaftet erklären
consigliare	raten
peggio	schlimmer

18

Il giorno dopo

Signor Condotti, perché ha confessato senza volere un avvocato?

Ha trovato il mio accendino da quel Rocco.

Non è che sta proteggendo qualcuno? O qualcuna?

No, sono stato io...

So che non è stato Lei, perché si è confuso perfino sul coltello da cucina che è stato usato!

Un errore in un attimo di panico...

BAM!

Sua moglie è bellissima... Bella da morire! Sappiamo che a parte Lei Sua moglie è l'unica che poteva facilmente accedere a quell'accendino...

Non so, non ricordo...

C'è qualcosa che non mi convince...

confessare	gestehen
proteggere	decken
confondersi	sich irren
perfino	sogar
a parte	abgesehen (von)
accedere a qc	herankommen an, auf etw zugreifen
convincere	überzeugen

La mattina dopo

Cosa? Signora Condotti? Arrivo subito...!

Allora, la ragazza ha cercato di ucciderLa di notte?

Sì, mi ha detto che ha riconosciuto mio marito su una rivista. Quando ha sentito che Rocco aveva un'altra amante, è impazzita di gelosia...

Mi ha svegliato Cagliostro, altrimenti poteva uccidermi nel sonno... come con Rocco! Mi sono difesa, eravamo sul balcone, poi è cascata in acqua.

Non ha cercato di salvarla?

Non so nuotare!

E cosa ci fate con la piscina?!? Mah!

SNIF SNIF...

cercare di	versuchen zu
impazzito	verrückt geworden
gelosia f	Eifersucht
altrimenti	andernfalls
sonno m	Schlaf
difendersi	sich verteidigen
cascare	fallen
salvare	retten
nuotare	schwimmen
piscina f	Schwimmbad

Qualche giorno dopo...

È contenta che Suo marito è libero ora?

Sì, ma stiamo divorziando.

Suo marito Le ha detto dell'accendino? Per questo pensava era stata Lei...

Quello che è stato trovato sotto il letto?

Nessuno, nemmeno Suo marito sa dove abbiamo trovato l'accendino... Lo ha lasciato lì per dare la colpa a Suo marito.

Signora Condotti, La dichiaro in arresto!

divorziare	sich scheiden lassen
nemmeno	nicht einmal
colpa f	Schuld

21

Esercizi

1 **Chi è chi?** Setzen Sie die Namen der Personen in den richtigen Satz ein.

Salsiccia   Monica Costa   Lucia   Edoardo De Filippi   Cagliostro

1. _____ è il commissario di polizia.

2. _____ è il cane del commissario di polizia.

3. _____ è la proprietaria della villa.

4. _____ è il gatto della proprietaria della villa.

5. _____ è la segretaria del commissario.

 **2** **Sinonimi.** Suchen Sie im Comic das entsprechende Synonym (gleiche Wortbedeutung).

1. automobile _____

2. esistenza _____

3. istante _____

4. camera _____

 **3** **Verbi.** Setzen Sie die richtige Form der unten stehenden Verben in die Sprechblase ein.

Salsiccia... Non tutti
1. _____
2. _____ belli come Spano!
Ma noi 3. _____
l'intelligenza dalla nostra parte!

essere   potere

avere

22

4 **Domande.** Fragen Sie mit *chi, che cosa, dove* oder *quando* nach den folgenden Informationen.

1. Il commissario Edoardo e Salsiccia vivono a Roma.

_____ vivono il commissario Edoardo e Salsiccia?

2. Salsiccia è un cane.

_____ è Salsiccia?

3. Edoardo De Filippi è un commissario di polizia.

_____ è Edoardo De Filippi?

4. La macchina non va e si chiama il meccanico subito.

_____ si chiama il meccanico?

5. Il commissario arresta il marito di Monica.

_____ fa il commissario?

INFO

Im umgangssprachlichen Italienisch wird anstelle von **che cosa** oftmals einfach nur **che** oder **cosa** gesagt.

5 **Vero o falso?** Welche Aussagen sind korrekt? Kreuzen Sie an.

1. Il commissario Edoardo De Filippi non è bravo col computer. ❑

2. Il commissario Edoardo De Filippi è fortunato con le donne. ❑

3. Il commissario Edoardo De Filippi è uno dei meno bravi d'Italia. ❑

4. Il commissario Edoardo De Filippi ha una segretaria. ❑

6 **Essere o avere?** Ergänzen Sie die folgenden Sätze mit dem richtigen Hilfsverb *essere* oder *avere*.

1. _____ passato un anno.

2. Monica _____ un'attrice e _____ trent'anni.

3. Rocco _____ l'amante di Monica.

4. Monica _____ sposata e _____ un marito.

7 **Le città d'Italia.** Ordnen Sie die sechs italienischen Städte von der nörd-lichsten zu der südlichsten Stadt.

Roma   Milano   Torino   Firenze   Catania   Bolzano

1. _____   4. _____

2. _____   5. _____

3. _____   6. _____

8 **Contrari.** Wie lautet das Gegenteil? Ordnen Sie zu.

1. ☐ sposato   a) povero

2. ☐ ricco   b) sveglio

3. ☐ vecchio   c) vivo

4. ☐ stanco   d) divorziato

5. ☐ morto   e) giovane

INFO

Era (er/sie/es/Sie war) ist die **Imperfektform** von **essere** (sein) und wird unregelmäßig gebildet: (io) ero, (tu) eri, (lui/lei/Lei) era, (noi) eravamo, (voi) eravate, (loro) erano.

9 **Gioco.** Bringen Sie die folgenden Präpositionen in die passende Lücke. Die restlichen Wortteile verraten das Tatmotiv des Mordes an Rocco.

ha   tra   a   di   men   del   in   to

1. Il commissario Edoardo vuole offrire un aperitivo _____ una signorina.

2. Il commissario Edoardo De Filippi _____ trovato Salsiccia in un cassonetto quando era cucciola.

3. Il commissario Edoardo e Salsiccia vanno _____ una trattoria di Roma.

4. La ragazza che non ama Salsiccia non merita l'amore _____ commissario Edoardo.

Lösung: ☐☐☐☐☐☐☐☐☐☐

10 **Chi fa cosa?** Beantworten Sie die folgenden Fragen zum Comic.

1. Non vuole fare l'amore con Alessandro perché ha mal di testa.

   _____

2. È il miglior "amico" di Monica che lo porta dappertutto.

   _____

3. Ha due amanti: Monica e una ragazza bionda.

   _____

4. Porta la pistola al commissario Edoardo.

   _____

11 **Lessico.** Ordnen Sie die unten stehenden Begriffe den Gegenständen zu und fügen Sie den bestimmten Artikel hinzu.

quadro   letto   coperta   comodino   lampada

finestra   topolino   sigaretta   cuscino

È stato un lungo viaggio in macchina da Roma. Ma siamo in Toscana nella Val D'Orcia adesso! Ti piace?

Bau!

Caccia all'assassino

Cucino i tortellini che ti piacciono tanto...Torna presto, magari con una ragazza!

Santo cielo! Ma chi è? Mamma? Aspetta che mi fermo...

Mamma, sai che sono sfortunato con le donne.

Ma io voglio diventare nonna!!!

Il commissario di Siena mi ha chiamato in Toscana per risolvere un caso difficile! Devo concentrarmi. Ciao!

caccia f	Jagd
assassino m	Mörder
♫ Santo cielo!	Gütiger Gott!
fermarsi	Halt machen
essere sfortunato	Pech haben
nonna f	Oma
risolvere	lösen
caso m	Fall

Finalmente siamo arrivati!

AZIENDA AGRITURISTICA

Benvenuti! Accomodatevi!

Grazie! Non vedo l'ora di fare una doccia!

Mezz'ora dopo

Commissario De Filippi? Sono Loredana Prado.

Piacere, Loredana! Diamoci del tu! Questa è Salsiccia... Scendiamo subito!

Si, sono sempre coppie che si fermano in strade isolate per fare l'amore.

Ho letto che sono state uccise sempre coppie in macchina, con una pistola.

accomodarsi	es sich bequem machen
non vedere l'ora	es nicht erwarten können
Piacere!	Sehr erfreut!
darsi del tu	sich duzen
scendere	heruntergehen
uccidere	töten

27

Che bella macchina!

Sì, è un regalo di mia madre. È tedesca e mio padre è italiano... Si sono conosciuti *proprio* a Volterra che vedete sulla *collina*.

Qui ci sono stati ben due *omicidi*, due coppie...

Come *sai* in Italia i giovani vivono spesso fino a quarant'anni con i genitori... Quindi per fare l'amore vanno in macchina.

Vero, anch'io ho abitato con mia madre fino a trentacinque anni.

Ma che fa il tuo cane?

Salsiccia è quasi un poliziotto! È molto intelligente.

È un profumo particolare... Sa di tabacco...

Adesso Salsiccia lo ha nelle *narici* e possiamo andare alla caccia di questo assassino!

proprio	genau
collina f	Hügel
omicidio m	Mord
sapere	wissen
narice f	Nasenloch

San Gimignano è bellissima con le sue torri medievali.

Sì, è anche la mia città preferita.

Com'è bella Loredana!

Gli omicidi avvengono in momenti particolari?

Sempre di notte.

No, ma ho tanta esperienza. Andiamo a cercare tutte le case isolate in zona.

Buona idea! Andiamo!

PAT!

Per come uccide, l'assassino deve essere un uomo che vive da solo ...

Ma hai studiato psicologia?

torre f	Turm
medievale	mittelalterlich
preferito	bevorzugt
avvenire	passieren
esperienza f	Erfahrung

29

traccia f	Spur
ora	jetzt
davvero	wirklich
cominciare	anfangen

Di notte

Pronto? Loredana! Veramente? Stai lì. Arriviamo subito!

Ancora una curva e ci siamo!

Questa volta sono turisti francesi. Volevano dormire in quella tenda.

SNIF SNIF

Non ci sono tracce... Niente...

SNIF SNIF SNIF!

Sì, molto strano...

L'assassino è arrivato a piedi... Chi è stato il primo ad arrivare qui?

Io...

tenda f	Zelt
strano	komisch

31

Il giorno dopo a Montalcino

Qui si produce il **famoso** vino Brunello di Montalcino?

Sì, e qui fuori è stata trovata un'altra coppia. Vieni!

SNIF SNIF SNIF

Sono stanca di vedere ragazzi uccisi, Edoardo!

Poverina!

Non ci sono tracce di altri **pneumatici**. L'assassino **era** a piedi.

Guarda, il tuo cane!

SLAP SLAP SLAP

Adesso è totalmente **ubriaca**! La porto a casa!

SPLASH

famoso	berühmt
pneumatico m	Autoreifen
era	(er / sie / es) war
ubriaco	betrunken

TRATTORIA

Ti senti solo senza Salsiccia?

Russava quando l'ho lasciata sul mio letto...

Queste pappardelle al cinghiale sono buonissime! Vuoi assaggiarle?

Dobbiamo pensare a risolvere il caso...

È così bella! Ma pensa solo al lavoro. Sono sfortunato con le donne!

Nessun problema!

russare	schnarchen
pappardella f	breite Bandnudel (oft serviert mit Wildschweinhack)
cinghiale m	Wildschwein
assaggiare	probieren, kosten

Di notte all'agriturismo

CRAC!

Ehi! Chi è là?

Fermo e mani in alto!

Per favore, non spari!
Sono Rodrigo, l'ex fidanzato
di Loredana!

Cosa?!?

Sono ancora
innamorato di lei...
Mi ha lasciato, ma
sono ancora geloso...
Seguo tutti gli uomini
con cui si vede.

Vai a casa, siamo
solo colleghi.
Stiamo cercando
un assassino...

CLIC-
CLAC!

Fermo!	Halt!
sparare	schießen
fidanzato m	fester Freund, Verlobter
essere innamorato	verliebt sein
geloso	eifersüchtig

La mattina dopo

Buongiorno signora, ha una **mappa** della zona?

Certo!

SLAP SLAP SLAP

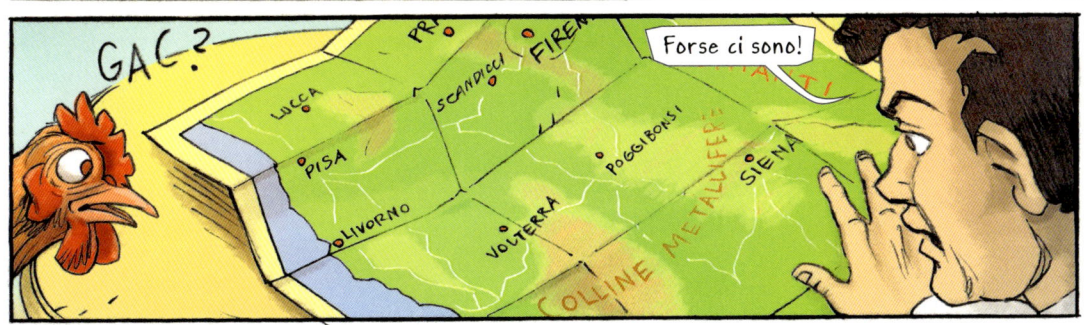

GAC?

PRA...
FIRENZE
LUCCA
SCANDICCI
...A T I
PISA
POGGIBONSI
SIENA
LIVORNO
VOLTERRA
COLLINE METALLIFERE

Forse ci sono!

Loredana, ho visto che tutti gli omicidi erano vicini a una zona con una collina in centro. Dobbiamo cercare lì la casa isolata!

Va bene, **mi preparo**. Arrivo tra quindici minuti!

mappa f	Landkarte
prepararsi	sich fertig machen

30 minuti più tardi

Cosa?!?

Loredana, ieri sera ho conosciuto il tuo ex fidanzato Rodrigo!

È geloso, ma non certo un assassino!

È un ottimo nascondiglio per un pazzo!

Ma questa casa la conosco! È di proprietà del mio ex fidanzato!

Un altro?!?

Sì, lui voleva avere dei figli, io non mi sentivo pronta... L'ho lasciato e lui non mi ha perdonato!

Mhhh, uccide le coppiette di innamorati per vendetta! Sei anche commissario di polizia... Così attira la tua attenzione...

Dove possiamo trovare il tuo ex fidanzato?

Al Palio di Siena domani. Il suo cavallo partecipa.

nascondiglio m	Versteck
pazzo m	Verrückter
proprietà f	Eigentum
perdonare	verzeihen
vendetta f	Rache
attirare	anziehen
cavallo m	Pferd
partecipare	teilnehmen

Al Palio di Siena il giorno dopo

Su, su!

Ma chi vincerà oggi?

Vai!

Tieni d'occhio tutto, Salsiccia!
È sicuramente qui!

Bau!

| vincerà | wird gewinnen |
| tenere d'occhio | im Auge behalten |

La sera

Mamma! Ti ho detto che non ho conosciuto nessuna!

Sei via una settimana! Non è da te... Confessa! Come si chiama?

Guarda, adesso devo proprio uscire... ciao!

Salsiccia, stasera abbiamo bisogno di stare soli! Quindi mi raccomando! Stai buona in casa!

Bene, vediamo come va. Forse Loredana va bene per me? Fa anche il mio stesso lavoro...

non è da te	das sieht dir nicht ähnlich
confessare	gestehen
Mi raccomando!	Denk' daran!
stesso	dieselbe

Ciao, Edoardo!
Come sei elegante!
Stai benissimo!

Buonasera
Loredana!

Ti porto nel miglior
ristorante di Siena...

Dove
andiamo?

Grazie, allora!
Gentiluomini come te non
si trovano quasi più...

È un piacere!

Salsiccia scappa
di casa.

Argh,
argh!!!

| piacere m | Vergnügen |
| scappare | weglaufen |

40

Dopo tre ore

È stata proprio una bella serata...

Sì... Bella, davvero... Ti devo dire una cosa... Ma...

Ma, cosa?

Salsiccia... Io non posso vivere con un cane! Mi dispiace.

Attenzione, Edoardo, abbassati!

BANG!

All'inferno!

Giù la pistola! Sei in arresto!

BANG!

Rrrrrrr!

Brutto cane!!!

dispiacere	leidtun
abbassarsi	sich ducken

Ma lo conosci?!?

BANG!

Tommaso! Ma cosa hai fatto?

AHHHH

È mio fratello più giovane! Ho scoperto solo prima del Palio che era stato lui.

Ma perché...?

Ha avuto un incidente qualche mese fa... È caduto dal cavallo e non può più fare l'amore... Per questo odia tutte le coppie ora... !

Loredana e Tommaso, siete in arresto!

scoprire	entdecken
incidente m	Unfall
fa	vor
odiare	hassen
ora	jetzt

42

Esercizi

 **1**

Le città della Toscana. Welche Stadt der Toskana passt zu welcher Aussage? Ordnen Sie die vier Städte zu.

> Pienza   Firenze   Pisa   Siena

1. È famosa per il Palio. _____

2. È in Val D'Orcia. _____

3. Qui si trova il Museo degli Uffizi. _____

4. È molto conosciuta per la sua torre. _____

INFO

Die **Val D'Orcia** ist eine Region im südlichen Teil der Provinz Siena und gehört zum **Weltkulturerbe der UNESCO**.
Die besondere Schönheit und Harmonie der Landschaft inspirierte schon zahlreiche Künstler in der Renaissance.

 **2**

Aggettivi. Welche Adjektive gehören in welche Lücken? Setzen Sie ein und achten Sie auf die Endungen.

> isolate   buoni   lungo   difficile

1. È stato un _____ viaggio in macchina da Roma in Toscana.

2. Il commissario Edoardo deve risolvere un caso _____ a Siena.

3. La mamma del commissario Edoardo prepara dei _____ tortellini.

4. Le coppie si fermano in macchina in strade _____ della campagna

toscana per fare l'amore.

3 **Domande sul testo.** Welche Antwort ist richtig? Kreuzen Sie an.

1. Dove dormono il commissario Edoardo e Salsiccia in Toscana?
   ❒ a) in un albergo
   ❒ b) in un agriturismo

2. Come si chiama il commissario di Siena?
   ❒ a) Lucia Prado
   ❒ b) Loredana Prado

3. Con che arma sono state uccise le coppie in Toscana?
   ❒ a) con una pistola
   ❒ b) con un coltello

4. Il Brunello di Montalcino è ...
   ❒ a) un vino famoso.
   ❒ b) una collina in Toscana.

4 **Combinazioni.** Welche Satzteile gehören zusammen? Ordnen Sie zu.

1. ☐ Qualcuno vive fino a quarant'anni

2. ☐ Salsiccia è

3. ☐ Il profumo sa

4. ☐ San Gimignano è

a) molto intelligente.

b) di tabacco.

c) bellissima.

d) con i genitori.

INFO

Städte sind im Italienischen grundsätzlich **weiblich**.
Dazugehörige Adjektive werden im Geschlecht
angeglichen. Z. B. Milano è bellissima.
Es gibt nur eine Ausnahme: il Cairo.
Z. B.: Il Cairo è bello.

5 **Articoli.** Wie lautet der korrekte bestimmte Artikel zu den Substantiven? Schreiben Sie auf.

1. _____ tracce

2. _____ caccia

3. _____ curva

4. _____ turisti

5. _____ amici

6. _____ zoo

 **6** **Parole in disordine.** Setzen Sie die Wörter in der richtigen Reihenfolge in die Sprechblasen ein.

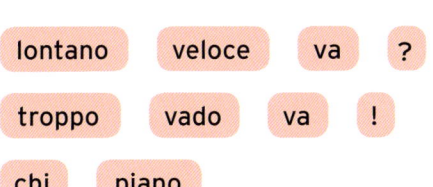

lontano · veloce · va · ?

troppo · vado · va · !

chi · piano

 **7** **L'intruso.** Welches Wort passt nicht in die Reihe? Unterstreichen Sie.

1. tracce · indizi · prove · pistola

2. ribelle · omicidio · assassino · criminale

3. commissario · cameriere · poliziotto · carabiniere

4. vino · alcol · birra · aranciata

INFO

Denken Sie daran, dass man im Italienischen „doppelt" verneint.
Z.B.: **Non** mangio **mai** la carne.
Non ho chiamato **nessuno.**

 **8** **Dire di no.** Antworten Sie auf die Fragen und verneinen Sie.

1. Andiamo a Firenze?   _No, non andiamo a Firenze._

2. Ti piace la Toscana?   _No,_____

3. Torni presto a casa?   _____

4. Vuoi fare una doccia?   _____

5. Vivi con i tuoi genitori?   _____

6. Hai chiamato qualcuno?   _____

9 **Lessico.** Ordnen Sie die unten stehenden Begriffe den Gegenständen zu und fügen Sie den bestimmten Artikel hinzu.

luna　　finestra　　letto　　cane　　telefonino　　poltrona　　coperta　　stella

INFO

Manche Wörter sind im Italienischen **weiblich** und im Deutschen **männlich** oder umgekehrt. Hier ein paar Beispiele:
la luna — der Mond, *il sole* — die Sonne, *il vaso* — die Vase,
la star — der Star, *la tigre* — der Tiger, *la stella* — der Stern.

10 **La parola nascosta.** Lösen Sie das Rätsel und finden Sie das Lösungswort.

1. Siena si trova in ☐☐ _ _ _ _ _ _ _ .

2. Loredana Prado fa il lavoro di _ _ ☐☐ _ _ _ _ _ _ _ _ .

3. Il Palio di Siena è una competizione a _ ☐ _ _ _ _ _ _ .

4. Il commissario Edoardo ha risolto il _ _ ☐☐ .

Lösung: ☐☐☐☐☐☐☐ è il colpevole (*der Schuldige*).

Sapore di sale, sapore di male

Guarda, Salsiccia, Venezia è sempre tanto bella! Specialmente durante il periodo di Carnevale!

Attenta, Salsiccia!

Roberto, sei davvero un bravo commissario!

Mi piace il mio lavoro...! E mi piaci tu...

Piacere, sono Edoardo!

Piacere La stavo aspettando! Ma diamoci del tu.

Si, con questo sono quattro cadaveri! Ti serve aiuto per trovare l'assassino!

È il commissariato! C'è un altro cadavere... Dobbiamo andare! Sono contento che uno bravo come te è qui ora!

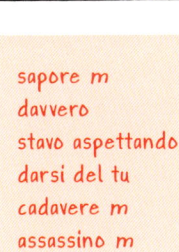

sapore m	Geschmack
davvero	wirklich
stavo aspettando	(ich) wartete gerade
darsi del tu	sich duzen
cadavere m	Leiche
assassino m	Mörder

Li troviamo tutti così, con un coltello nel cuore...

Anche questa volta nessuna traccia!

Aspetta... lasciami indagare.

CUC!

SNIF SNIF

A volte si trovano tracce anche un po' più lontano dalla scena del delitto...

Vedi quel fazzoletto all'angolo della via?

C'è la lettera A sopra e di lato il nome del negozio dove è stato comprato.

Lo porto subito al commissariato a far esaminare. Voi andate al negozio domani... Adesso è chiuso.

cuore m	Herz
traccia f	Spur
indagare	ermitteln
fazzoletto m	Taschentuch
di lato	seitlich
negozio m	Geschäft
esaminare	untersuchen

48

Poco dopo...

Su, siamo quasi arrivati all'appartamento!

Sniff!!

Lo so che ti manca Roma! Ma dobbiamo aiutare la polizia di Venezia a trovare l'assassino. E poi la vista è bellissima!

Quando fai così sei dolcissima! A che serve una donna quando ho te?

Va bene, usciamo a fare una passeggiata!

Bau Bau!!!!

Un po' di aria fresca ci fa bene.

aiutare	helfen
vista f	Aussicht
servire	hier: benötigen
passeggiata f	Spaziergang

Volete delle frittelle?

Perché no...

Senti l'odore del mare? "Sapore di sale, sapore di male", Salsiccia. Dobbiamo risolvere al più presto il caso. La gente ha paura...

Rialto, Rialto!!!

VENEZIA NUOVA VETRERIA CACCIA ALL'AS...

Stai qui, Salsiccia! Attenta a non cadere in acqua!

Hai visto che bello, Salsiccia? Gli oggetti in vetro sono fatti sull'Isola di Murano e i pizzi sull'Isola di Burano!

frittella f	frittiertes Gebäck
odore m	Geruch
risolvere	lösen
caso m	Fall
avere paura	Angst haben
cadere	fallen
vetro m	Glas
pizzo m	Spitze

Il giorno dopo

Ecco l'indirizzo! Questo è il negozio dove hanno fatto il fazzoletto!

Buongiorno, signora! Ha fatto Lei questo fazzoletto?

Buongiorno... Sì, l'ho fatto io... Ma tanto tempo *fa*... Quando ancora *parlavo* con mia figlia...

Cosa *è successo* a Sua figlia...?

Non ci parliamo più da anni. *Né* con lei *né* con gli altri figli... Da quando mio marito ci ha lasciato.

E che è successo?

Lei non ha figli, vero? Non sono mai contenti...

E da quando non vede i Suoi figli?

L'ultima volta dieci anni fa... So che mio figlio è morto...

Un *incidente*... E le altre mie due figlie non so...

Mi dispiace, signora. Ora devo andare. Grazie e arrivederLa!

CLINGG!

PRRRRT!

fa	vor
parlavo	(ich) redete
succedere	passieren
né ... né	weder ... noch
incidente m	Unfall

Un'ora dopo

Quanti studenti!

Sì, siamo in un tipico bàcaro veneziano. Si beve un bicchiere di vino e si mangiano piccoli spuntini... Gli studenti lo amano perché non è caro...

Hai informazioni su tutti questi uomini morti? Cosa ha detto il laboratorio sul fazzoletto?

Sul fazzoletto hanno trovato un capello rosso di una donna. Gli uomini erano tutti scapoli.

Ragazzi, ho un'idea! Venite! Fanno una festa questa sera all'Hotel Cipriani sull'isola della Giudecca. È in tema Casanova e ci sono molti scapoli...

Capisco, quindi forse ci va anche l'assassina.

Dici che è una donna?

Ci ho pensato anch'io... Andiamo a comprarti una maschera... È un ballo in maschera, non si entra senza!

Sì, sono convinto: è una donna.

Benissimo... La bautta e il mantello sono la maschera tipica veneziana.

Perfetto!

Le do una maschera per bambini!!

spuntino *m*	Snack
capello *m*	Haar
erano	sie waren (Infinitiv: essere)
scapolo *m*	Single, Junggeselle
essere convinto	überzeugt sein
bautta *f*	typisch venezianische Maske

Al tramonto all'Hotel Cipriani

È bellissimo!

Sì, noi veneziani sappiamo come fare festa! Senti! L'orchestra suona la musica di Vivaldi.

Quante belle donne!

Sì, davvero...

Piacere, sono Roberto...

Roberto, vieni!

AAAAH!

Non deve essere lontana...

Guarda! C'è una donna là che sta correndo!

SNIF! NIF!

tramonto m	Sonnenuntergang
suonare	spielen (Instrument)
sta correndo	(er/sie/es) läuft gerade

inseguire	verfolgen
Fermi!	Halt! Halten Sie!
scappare	entkommen, weglaufen

Il giorno dopo

C'è l'acqua alta stamattina!

Un altro morto!

C'è il nome del negozio sulla maschera! Io e Salsiccia andiamo dalla proprietaria.

Va bene. L'acqua si sta abbassando con la marea e ha smesso di piovere.

Come fate voi veneziani a vivere sempre con l'acqua alta?

Ci si abitua a tutto! Andiamo al Caffè Florian, hanno trovato un altro cadavere.

Abbiamo trovato questa maschera.

È della donna, vero?

Sì!

acqua f alta	Hochwasser
abituarsi (a)	sich gewöhnen (an)
proprietaria f	Besitzerin
abbassarsi	sich senken
marea f	Flut
smettere	aufhören

55

Hanno così tante donne i capelli rossi in questa città? Mah...

Buongiorno, signore! Vedo che ha una mia maschera in mano... Le piace? Ne vuole un'altra?

È di una donna. L'ha persa... La conosce per caso! La vorrei incontrare...

E chi non la vorrebbe incontrare? Grandi occhi blu, lunghi capelli rossi... È bellissima!

Sa dove posso trovarla?

No, ma stasera c'è la grande festa di maschere a Ca' d'Oro.

mano f	Hand
vorrei	(ich) würde gerne
vorrebbe	(er/sie/es) würde gerne

martedì m grasso	Faschingsdienstag
attenzione f	Aufmerksamkeit
nemmeno	nicht einmal

voce f	Stimme
uguale	gleich
mollare	loslassen
dichiarare in arresto	(jmd) für verhaftet erklären
purtroppo	leider

Ci **mancherà** Venezia alla fine...

Buongiorno, Edoardo! Salsiccia, sei sempre più bella!

Ciao Roberto e sì, Salsiccia ama la cucina veneziana! È **ingrassata** da quando siamo qui...

Roberto, sempre un piacere vederLa... Desidera qualcosa?

Un caffè! Grazie, Monica! Ed è sempre un piacere vedere te!

Eh... Scusi, ci siamo anche noi! Un caffè per me e una piccola **ciotola** d'acqua per Salsiccia!

Sai una cosa? Sono **innamorato**! È bellissima! Ha lunghi capelli biondi, dolci occhi blu...

Sì... Ti crediamo... Vienici **piuttosto** a trovare a Roma!

Edoardo, da uomo a uomo, posso darti un **consiglio**?

Certo!

mancherà	(er/sie/es) wird fehlen
ingrassare	zunehmen, dicker werden
ciotola f	Schüssel
innamorato	verliebt
piuttosto	lieber
consiglio m	Rat

Sei troppo serio con le donne... **Rilassati!**

La sera

Cincin, Salsiccia. Oggi è la nostra ultima sera a Venezia...

DRIN DRIN

E chi è adesso?

Il commissariato? Sì, sono io. Cosa? Roberto? **È** stato **ucciso**?

Nell'appartamento di Roberto

Commissario, **guardi** cosa abbiamo trovato!

Ma come è possibile? L'abbiamo arrestata!

Deve essere vicina... Il mio istinto mi dice che è qui...

rilassarsi	sich entspannen
Cincin!	Prost!
uccidere	umbringen, töten
guardare	schauen

60

omicidio m	Mord
sparare	schießen
tingersi	sich färben
gemello	Zwillings-
colpevole m/f	Schuldige(r)

Al commissariato

Mio padre ci **ha abbandonato**...

E poi un mio **fidanzato** mi ha abbandonato sull'altare...

Ciao!

E poi mia madre mi ha detto che era **colpa** mia, perché **ero** cattiva... Allora io, mio fratello e mia sorella siamo andati via...

CRASH

Mio fratello è morto in un incidente stradale... **Sono impazzita** dal dolore...

L'altra sera mia sorella mi **ha seguito** alla festa alla Ca' D'Oro... Ha visto che ho ucciso un uomo... Ha preso la colpa lei... E allora ho capito quanto sono stata cattiva...

Sono impazzita! Che dolore!

Ma così Alessia è **innocente**!

abbandonare	verlassen
fidanzato *m*	Verlobter
colpa *f*	Schuld
ero	(ich) war
impazzire	verrückt werden
seguire	folgen
innocente	unschuldig

Alcuni giorni dopo

Allora, Alessia, cosa hai detto?

Eh, sono timida...

DRIN DRIN

Pronto? Mamma?!

Edoardo, ti ho cucinato i tortellini! Quando torni a casa?

FINE

timido   schüchtern

63

Esercizi

Domande. Beantworten Sie die Fragen zum Text.

1. In quale città sono il commissario Edoardo e Salsiccia?

_____

2. Che periodo dell'anno è?

_____

3. Come descrive il commissario Edoardo De Filippi la città?

_____

4. Come si chiama il collega di Venezia con cui deve lavorare il commissario Edoardo?

_____

Plurale. Setzen Sie die unten stehenden Wörter in den Plural.

1. la bella ragazza   _____

2. un altro cadavere   _____

3. l'appartamento grande   _____

4. il cadavere brutto   _____

3 **Sinonimi.** Suchen Sie das entsprechende Synonym (gleiche Wortbedeutung) im Comic.

1. bottega _____

3. profumo _____

2. omicida _____

4. giovane donna _____

INFO

„Sapore di sale" ist ein sehr bekannter Song von Gino Paoli aus dem Jahr 1963 und gehört zu seinen größten Erfolgen. Es ist ein beliebtes italienisches Musikstück, das auch heute noch häufig gespielt wird und von nahezu jedem Italiener mitgesungen werden kann.

4 **Verbi.** Setzen Sie die unten stehenden Verben in der richtigen Form in den Text ein.

sentire   avere   dire   risolvere

Commissario Edoardo De Filippi: „**1.** _____ l'odore del mare? 'Sapore di

sale, sapore di male', cara Salsiccia. **2.** _____ che la polizia non riesce

a trovare l'assassino. Dobbiamo **3.** _____ al più presto il caso. La gente

4. _____ paura."

5 **Combinazioni.** Welche Satzteile gehören zusammen? Ordnen Sie zu.

1. ☐ La voce è   a) altro.

2. ☐ Il commissario dichiara   b) uguale a quella della ragazza.

3. ☐ La ragazza non parla   c) in arresto.

4. ☐ La ragazza non dice   d) senza il suo avvocato.

65

6 **Vero o falso?** Welche Aussagen sind korrekt? Kreuzen Sie an.

1. Nel bacaro veneziano si beve un bicchiere di vino. ❑

2. L'Hotel Cipriani si trova nel centro di Venezia. ❑

3. Casanova era un donnaiolo conosciuto. ❑

4. La bautta e il mantello sono la maschera
   tipica veneziana. ❑

INFO

Beachten Sie, dass die zwei aufeinanderfolgenden Vokale bei **bautta** nicht miteinander verbunden, sondern einzeln ausgesprochen werden.

7 **Tutto quello che è a Venezia.** Setzen Sie die typisch venezianischen Begriffe in die passenden Lücken ein.

canale   bacaro   Isola della Giudecca   vaporetto

1. È pieno d'acqua: _____

2. Qui si trova l'Hotel Cipriani: _____

3. Con questo ci si muove a Venezia: _____

4. È la trattoria tipica veneziana: _____

8 **Preposizioni.** Setzen Sie die korrekten Präpositionen in die Lücken ein.

al   a   in   per

1. Questo cane comincia _____ piacermi.

2. C'è l'acqua alta stamattina e arriva perfino _____ nostro appartamento!

3. Abbiamo dovuto mettere gli stivali _____ arrivare fino a qui.

4. Stamattina hanno scoperto un altro cadavere _____ un caffè.

9 **Lettere in disordine.** Entwirren Sie den Buchstabensalat und setzen Sie die passenden Begriffe in die Lücken ein.

| tlaear | asrmhcea | iazopli | aclilpe soris |

1. Alessia ha i _____.

2. A Carnevale ci si mette in _____.

3. Il fidanzato ha lasciato la sua sposa sola all'_____.

4. Il Commissario Edoardo stavolta lavora per la _____ di Venezia.

10 **Vocabolario.** Was bedeuten die unten stehenden Wörter? Kreuzen Sie an.

1. Una ragazza è
- ❒ a) una donna vecchia.
- ❒ b) una donna giovane.

2. Un fazzoletto serve per
- ❒ a) pulirsi il naso.
- ❒ b) cucinare.

3. Giovedì grasso è
- ❒ a) il giovedì prima di Carnevale.
- ❒ b) il giovedì prima di Pasqua.

4. Un'assassina è
- ❒ a) una donna che uccide altri uomini.
- ❒ b) un uomo che ama gli asini.

11 **Trovare l'intruso.** Welches Wort passt nicht in die Reihe? Unterstreichen Sie.

1. cattivo   odioso   terribile   carino

2. cugini   nemico   famiglia   parenti

3. fare   sentire   udire   ascoltare

4. biondo   castano   gatto   rosso

Test finale

1 Identità. Setzen Sie folgende Namen in den richtigen Satz ein.

 Roberto    Salsiccia    Rocco    Cagliostro    Loredana    Tommaso

1. _____ è il cane del commissario Edoardo.

2. _____ è il nome della collega in Toscana.

3. _____ è il nome del commissario veneziano.

4. _____ è il nome dell'amante di Monica Costa.

5. _____ è il gatto di Monica Costa.

6. _____ è il fratello di Loredana.

2 Sinonimi. Suchen Sie im Comic das entsprechende Synonym.

1. omicidio _____

2. via _____

3. hotel _____

4. automobile _____

3 Essere. Lesen Sie weiter und setzen Sie die richtige Form von *sein* (*essere*) im Präsens ein.

1. Il vino Brunello di Montalcino _____ prodotto in Toscana.

2. "Roberto, _____ davvero un bravo commissario!"

3. Il commissario Edoardo De Filippi e Salsiccia _____ molto uniti.

4. "Fermatevi, _____ in arresto!" dice il commissario.

Domande. Setzen Sie die passenden Fragewörter ein.

1. _____ avete mangiato stasera? In un locale molto bello a Roma.

2. _____ ci vediamo? Ci vediamo domani alle 8 di sera.

3. _____ persone sono state uccise? Tre coppie.

4. _____ c'è in Toscana? In Toscana ci sono tante colline.

5. Loredana, _____ hai sparato a questa persona? Aveva una pistola.

Vero o falso? Welche Aussagen sind korrekt? Kreuzen Sie die richtigen Antworten an.

1. Il commissario Edoardo e Salsiccia vanno al Palio di Siena. ❑

2. Il commissario Edoardo e Salsiccia hanno un appartamento a Roma. ❑

3. Il commissario Roberto è brutto e odiato dalle donne. ❑

4. Il fratello del commissario Prado è innocente. ❑

5. Monica Costa è stata arrestata dal commissario Edoardo. ❑

Articoli. Ergänzen Sie die folgenden Sätze mit dem bestimmten Artikel.

1. Salsiccia ama _____ spaghetti.

2. Il commissario Edoardo porta sempre _____ telefonino e _____ pistola con sè.

3. Il commissario Edoardo e Salsiccia inseguono l'assassina tra _____ canali.

4. _____ agriturismo in Toscana è molto bello.

5. _____ collega di Venezia si chiama Roberto.

7 **Aggettivi.** Ordnen Sie die unten stehenden Beschreibungen den Gesichts-ausdrücken zu.

| arrabbiato | triste | felice | pensieroso | innamorato | morto |

1. _____

2. _____

3. _____

4. _____

5. _____

6. _____

8 **Domande.** Beantworten Sie die folgenden Fragen zum Text.

1. Chi è stato ucciso in "Bella da morire"? _____.

2. Quali animali corrono al Palio di Siena? _____.

3. Qual è la città toscana famosa per le sue alte torri? _____.

4. Qual è la maschera più famosa di Venezia? _____.

9 **Presente.** Setzen Sie die korrekte Verbform im Präsens ein!

1. Io essere _____ qui, e tu?

2. Salsiccia bere _____ dalla ciotola.

3. I commissari Edoardo e Roberto indagare _____ sul caso.

4. La mamma di Edoardo cucinare _____ i tortellini.

5. Ti (noi) dovere _____ dire una cosa.

10 **Combinazioni.** Welche der folgenden Elemente gehören zusammen? Ordnen Sie zu.

1. ☐ la campagna   **a)** espresso

2. ☐ il caffè   **b)** al cinghiale

3. ☐ le pappardelle   **c)** ricco

4. ☐ i cavalli   **d)** di Carnevale

5. ☐ la maschera   **e)** da corsa

6. ☐ l'imprenditore   **f)** toscana

11 **L'intruso.** Welches Wort passt nicht in die Reihe? Unterstreichen Sie das „schwarze Schaf"!

1. martedì   giovedì   domani   sabato

2. gatto   cane   cavallo   casa

3. capelli   naso   caso   occhi

4. luna   stella   notte   poltrona

12 **Lessico.** Wie lauten die Begriffe? Ordnen Sie die unten stehenden Wörter zu.

capelli   mano   bocca   naso   occhio   orecchio   fronte   dito

collo   sopracciglio

13 **La griglia.** Finden Sie in dem Gitternetz zehn Substantive mit der Endung -e und tragen Sie sie in die Tabelle ein.

T	S	C	I	N	G	H	I	A	L	E
B	R	C	I	N	G	H	I	A	R	I
F	I	O	R	E	D	L	F	C	W	N
C	S	O	L	E	C	O	A	A	I	S
A	T	T	E	N	Z	I	O	N	E	E
L	O	I	P	T	R	C	D	Z	S	G
B	R	F	D	L	N	A	O	O	M	N
C	A	N	E	A	E	F	R	N	L	A
D	N	K	T	V	D	F	E	E	N	N
F	T	F	C	A	F	È	E	E	C	T
T	E	L	C	A	D	A	V	E	R	E

Männlich	Weiblich

Welches Wort im Gitternetz kann sowohl weiblich als auch männlich sein?

l' ☐ ☐ ☐ ☐ ☐ ☐ ☐ ☐ ☐ ☐

14 **L'articolo giusto.** Finden Sie 15 Substantive in den Wortschlangen und tragen Sie sie in die Tabelle unter den passenden Artikel ein.

pastastudentemartedìquartierelibroamicastazionezioimprenditore

solelatteamoreradioparrucchiereuniversità

il	lo	l'	la

Soluzioni

Bella da morire

1 1. Edoardo De Filippi 2. Salsiccia 3. Monica Costa 4. Cagliostro 5. Lucia

2 1. macchina 2. vita 3. attimo 4. stanza

3 1. possono 2. essere 3. abbiamo

4 1. Dove 2. Chi 3. Chi 4. Quando 5. Che cosa

5 1. vero 2. falso (Il commissario è sfortunato con le donne.) 3. falso (Il commissario è uno dei più bravi d'Italia.) 4. vero

6 1. È 2. è, ha 3. è 4. è, ha

7 1. Bolzano 2. Torino 3. Milano 4. Firenze 5. Roma 6. Catania

8 1. d 2. a 3. e 4. b 5. c

9 1. a 2. ha 3. in 4. del
  Lösung: TRADIMENTO (Untreue)

10 1. Monica Costa 2. Cagliostro 3. Rocco 4. Salsiccia

11

la finestra — il quadro
il topolino
la lampada — il letto
la sigaretta
il comodino — il cuscino
la coperta

Caccia all'assassino

1 1. Siena 2. Pienza 3. Firenze 4. Pisa

2 1. lungo 2. difficile 3. buoni 4. isolate

3 1. b 2. b 3. a 4. a

4 1. d 2. a 3. b 4. c

5 1. le 2. la 3. la 4. i 5. gli 6. lo

6 Commissario Prado: Vado troppo veloce?
  Commissario De Filippi: Chi va piano, va lontano!

7 1. pistola 2. ribelle 3. cameriere 4. aranciata

8 1. No, non andiamo a Firenze. 2. No, non mi piace la Toscana. 3. No, non torno presto. 4. No, non voglio fare una doccia. 5. No, non vivo con i miei genitori. 6. No, non ho chiamato nessuno.

9

la finestra

la luna

la poltrona

il cane

la stella

il telefonino

il letto

la coperta

10 1. Toscana 2. commissario 3. cavallo 4. caso
 Lösung: TOMMASO è il colpevole.

Sapore di sale, sapore di male

1 1. Sono a Venezia. 2. È Carnevale. 3. Venezia è bella. 4. Il collega nuovo si chiama Roberto.

2 1. le belle ragazze 2. altri cadaveri 3. gli appartamenti grandi 4. i cadaveri brutti

3 1. negozio 2. assassino 3. odore 4. ragazza

4 1. Senti 2. Dicono 3. risolvere 4. ha

5 1. b 2. c 3. d 4. a

6 1. vero 2. falso (L'Hotel Cipriani si trova sull'Isola della Giudecca.) 3. vero 4. vero

7 1. canale 2. Isola della Giudecca 3. vaporetto 4. bacaro

8 1. a 2. al 3. per 4. in

9 1. capelli rossi 2. maschera 3. altare 4. Polizia

10 1. b 2. a 3. a 4. a

11 1. carino 2. nemico 3. fare 4. gatto

Test finale

1 1. Salsiccia 2. Loredana 3. Roberto 4. Rocco 5. Cagliostro 6. Tommaso

2 1. assassinio 2. strada 3. albergo 4. macchina

3 1. è 2. sei 3. sono 4. siete

4 1. Dove 2. Quando 3. Quante 4. Che cosa 5. perché

5 1. vero 2. vero 3. falso (Roberto è molto bello e amato dalle donne.) 4. falso (Il fratello del commissario Prado è colpevole.) 5. vero

6 1. gli 2. il, la 3. i 4. L' 5. Il

7 1. triste 2. pensieroso 3. morto 4. innamorato 5. arrabbiato 6. felice

8 1. Rocco e la sua ragazza 2. i cavalli 3. San Gimignano 4. la bautta

9 1. sono 2. beve 3. indagano 4. cucina 5. dobbiamo

10 1. f 2. a 3. b 4. e 5. d 6. c

11 1. domani 2. casa 3. caso 4. poltrona

12

capelli
occhio
naso
dito
mano

fronte
sopracciglio
orecchio
bocca
collo

13

T	S	C	I	N	G	H	I	A	L	E
B	R	C	I	N	G	H	I	A	R	I
F	I	O	R	E	D	L	F	C	W	N
C	S	O	L	E	C	O	A	A	I	S
A	T	T	E	N	Z	I	O	N	E	E
L	O	I	P	T	R	C	D	Z	S	G
B	R	F	D	L	N	A	O	O	M	N
C	A	N	E	A	E	F	R	N	L	A
D	N	K	T	V	D	F	E	E	N	N
F	T	F	C	A	F	È	E	E	C	T
T	E	L	C	A	D	A	V	E	R	E

Männlich: SOLE, FIORE, CAFFÈ, RISTORANTE, CANE, CADAVERE, ODORE,
CINGHIALE
Weiblich: ATTENZIONE, CANZONE
Lösung: INSEGNANTE *m/f* (Lehrer/in)

14

il	lo	l'	la
martedì	studente	amica	pasta
quartiere	zio	università	radio
libro		amore	stazione
imprenditore			
sole			
latte			
parucchiere			

Glossario

ḫ = umgangssprachlich

f = feminin

m = maskulin

pl = Plural

irr = unregelmäßiges Verb

a parte	abgesehen (von)	**bautta** *f*	typisch vene- zianische Maske
abbandonare	verlassen		
abbassarsi	sich senken	**buono**	*hier:* brav
abituarsi (a)	sich gewöhnen (an)	**caccia** *f*	Jagd
accedere *irr*	herankommen	**cadavere** *m*	Leiche
accendino *m*	Feuerzeug	**cadere** *irr*	fallen
accomodarsi	es sich bequem machen	**capace di**	fähig zu
		capello *m*	Haar
acqua *f* **alta**	Hochwasser	**cascare**	fallen
aiutare	helfen	**caso** *m*	Fall
altrimenti	andernfalls	**cassonetto** *m*	Müllcontainer
anziano	alt	**cavallo** *m*	Pferd
assaggiare	probieren, kosten	**cervello** *m*	Gehirn
assassino *m*	Mörder	**Cincin!**	Prost!
attenzione *f*	Aufmerksamkeit	**cinghiale** *m*	Wildschwein
attirare	anziehen	**ciotola** *f*	Schüssel
audizione *f*	Vorsprechen (beim Casting)	**collina** *f*	Hügel
		colpa *f*	Schuld
aver(e) *irr* **bisogno**	brauchen, benötigen	**colpevole** *m/f*	Schuldige(r)
avere *irr* **paura**	Angst haben	**cominciare**	anfangen
avere *irr* **le proprie ragioni**	die Gründe für etw. haben	**confessare**	gestehen
		confondersi *irr*	sich irren
avvenire *irr*	passieren	**consigliare**	raten

consiglio *m*	Rat	Fermi!	Halt! Halten Sie!
convincere *irr*	überzeugen	Fermo!	Halt!
cucciola *f*	Welpe	fidanzato *m*	fester Freund, Verlobter
cuore *m*	Herz		
darsi *irr* del tu	sich duzen	finché	solange
davvero	wirklich	fiuto *m*	Spürsinn
descrivere *irr*	beschreiben	frittella *f*	frittiertes Gebäck
di lato	seitlich	gelosia *f*	Eifersucht
dichiarare in arresto qc.	jmd. für verhaftet erklären	geloso	eifersüchtig
		gemello	Zwillings-
difendersi *irr*	sich verteidigen	giurare	schwören
dispiacere	leidtun	godersela	es sich gut gehen lassen
divorziare	sich scheiden lassen		
è ora	es ist an der Zeit	guardare	schauen
era	(er/sie/es) war	imbranato	ungeschickt
erano	sie waren (Infinitiv: *essere*)	impazzire	verrückt werden
		impazzito	verrückt geworden
ero	(ich) war (Infinitiv: *essere*)	impegnato	beschäftigt
		imprenditore *m*	Unternehmer
esaminare	untersuchen	incidente *m*	Unfall
esperienza *f*	Erfahrung	indagare	ermitteln
essere *irr* annoiato	gelangweilt sein	infatti	in der Tat
essere *irr* innamorato	verliebt sein	ingrassare	zunehmen, dicker werden
essere *irr* convinto	überzeugt sein	innamorato	verliebt
essere *irr* sfortunato	Pech haben	innocente	unschuldig
		inseguire	verfolgen
fa	vor	ladro *m*	Dieb
famoso	berühmt	litigare	streiten
fazzoletto *m*	Taschentuch	lotta *f*	Kampf
fermare	still halten, anhalten	magari	vielleicht
fermarsi	Halt machen, anhalten	mal *m* di testa	Kopfweh

mancherà	(er/sie/es) wird fehlen	pazzo *m*	Verrückter
mandato *m* (di perquisizione)	Durchsuchungs-befehl	peggio	schlimmer
		per caso	zufälligerweise
mano *f*	Hand	perdere *irr*	verlieren
mappa *f*	Landkarte	perdonare	verzeihen
marea *f*	Flut	perfino	sogar
martedì *m* grasso	Faschingsdienstag	periferia *f*	Vorort
medievale	mittelalterlich	pettegolezzo *m*	Klatsch
meritare	verdienen	piacere *m*	Vergnügen
merletto *m*	Spitze	Piacere!	Sehr erfreut!
Mi raccomando!	Denk' daran!	piangere *irr*	weinen
mollare	loslassen	piscina *f*	Schwimmbad
narice *f*	Nasenloch	piuttosto	lieber
nascondiglio *m*	Versteck	pizzo *m*	Spitze
né ... né	weder ... noch	pneumatico *m*	Autoreifen
nemmeno	nicht einmal	portafoglio *m*	Geldbeutel
noia *f*	Langeweile	preferito	bevorzugt
non è da te	das sieht dir nicht ähnlich	prepararsi	sich fertig machen
		proprietà *f*	Eigentum
nonna *f*	Oma	proprietaria *f*	Besitzerin
non vedere *irr* l'ora	es nicht erwarten können	proprio	genau
		proteggere *irr*	decken
nuotare	schwimmen	prova *f*	Beweis
odiare	hassen	purtroppo	leider
odore *m*	Geruch	puzzare	stinken
offrire *irr*	ausgeben, anbieten	quartiere *m*	Wohnviertel
omicidio *m*	Mord	questione *f* di tasse	Steuerangelegen-heit
ora	jetzt		
pappardella *m*	breite Bandnudel	raccolto	gesammelt
parlavo	(ich) redete	recitazione *f*	Schauspielkunst
parrucchiere *m*	Frisör	regalo *m*	Geschenk
partecipare	teilnehmen	rifiutare	ablehnen
passeggiata *f*	Spaziergang	rilassarsi	sich entspannen

risolvere *irr*	lösen	succedere *irr*	passieren
riuscire (a)	es schaffen	suonare	spielen (Instrument)
rivista *f*	Zeitschrift	tenda *f*	Zelt
russare	schnarchen	tenerci *irr* a qc.	an jmd. hängen
salsiccia *f*	Wurst, *hier:* Name des Hundes	tenere *irr* d'occhio	im Auge behalten
		tenersi *irr*	sich festhalten
salvare	retten	tesoro *m*	Schatz
♮ Santo cielo!	Gütiger Gott!	timido	schüchtern
sapere *irr*	wissen	tingersi *irr*	sich färben
sapore *m*	Geschmack	toccare	anfassen, berühren
scapolo *m*	Single, Junggeselle	torre *f*	Turm
scappare	entkommen, weglaufen	traccia *f*	Spur
scendere *irr*	heruntergehen, herunterkommen	tradire	betrügen
		tramonto *m*	Sonnenuntergang
scoprire *irr*	entdecken	trattarsi (di)	sich handeln (um)
seguire	folgen	ubriaco	betrunken
senese *m/f*	Einwohner von Siena	uccidere *irr*	umbringen, töten, ermorden
servire	*hier:* benötigen		
sfortunato	unglücklich	uguale	gleich
sindaco *m*	Bürgermeister	vada!	Gehen Sie (nur) (Imperativ von *andare*)
smettere *irr*	aufhören		
sonno *m*	Schlaf		
sopportare	ertragen	vendetta *f*	Rache
sorpresa *f*	Überraschung	vetro *m*	Glas
sparare	schießen	vincerà	(er/sie/es) wird gewinnen
sposare	heiraten		
spuntino *m*	Snack	vista *f*	Aussicht
sta correndo	(er/sie/es) läuft gerade	voce *f*	Stimme
stancarsi	*hier:* es leid sein	vorrebbe	(er/sie/es) würde gerne (Infinitiv: *volere*)
stavo aspettando	(ich) wartete gerade		
stesso	dasselbe, dieselbe, derselbe		
		vorrei	(ich) würde gerne (Infinitiv: *volere*)
strano	komisch		

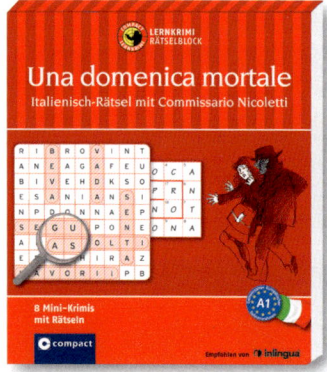